L'ART
DE TOUCHER LE CLAVECIN
PAR MONSIEUR COUPERIN,
Organiste du Roy. &c.

DEDIÉ
A SA MAJESTÉ

Graué par L. Huë.　　　　　　　　　　　Prix
　　　　　　　　　　　　　　　　　　en blanc.

A PARIS.

{ L'Auteur, au coin de la rüe des foureurs
　vis a vis les Carneaux.
Chés
{ Le Sieur Foucaut. rüe Saint honnoré: à
　la Régle d'or: Proche la rüe des Bourdonnois.

AVEC PRIVILEGE DU ROY.
1716.

Rés. F. 69

Approbation

J'ai lû par ordre de Monseigneur le Chancelier, L'art de toucher le Clavecin, par Monsieur Couperin: Le seul nom d'un Autheur si célèbre doit rendre ce Livre recommandable au Public. On doit être obligé a un Maitre, qui a porté son art au plus haut degré de perfection, de vouloir bien enseigner aux autres, par de courtes Leçons, ce qui a êté en lui le fruit d'une longue Etude; et d'une application continu=
=elle. fait à Paris ce 20. de Mars 1716.

Danchet.

AU ROY

SIRE

Les marques de bonté, Et de satisfaction que le feu Roy, votre bisayeul m'a donné pendant vingt-trois ans en écoutant mes ouvrages; Celles de votre Auguste pere à qui j'ai Eu l'avantage d'enseigner la composition, Et l'accompagnement pendant plus de douze; Et la reüssite flatteuse que mes pièces de Clavecin ont eües jusqu'icy dans le public, paroissent des préjugés favorables pour le livre que j'ay l'honneur de presenter à Votre Majesté. Si, séparement de celuy d'etre à Elle, je puis apprendre dans quelques années qu'elle l'ait approuvé, alors, rien ne sera plus capable de remplir Les vœux de celuy qui est avec le plus profond respect,

DE VOTRE MAJESTÉ

SIRE

Le tres humble, Et tres fidelle serviteur Et Sujet

COUPERIN.

Préface

La Méthode que je donne, est une espèce de restitution que je fais au public : ayant profité autant qu'il m'a été possible des bons avis qu'on a bien voulu me donner sur mon art. Je les ay joins à mes petites découvertes : ainsi, je serai trop content sy je puis m'acquiter sufi=
=samment. Quelques personnes diront peut=être qu'en dévoilant mes recherches particulières je travaille contre mes propres interêts ! mais je les sacrifierai toujours, sans aucune réserve, quand il s'agira de l'utilité des autres.

Plan de cette methode

La position du corps, Celle des mains, Les agrémens qui Seruent au jeu, De petits exercices preliminaires, et essentiels, pour paruenir a bien joüer, Quelques remarques Sur la maniere de bien doigter; relatiues a beaucoup d'endroits de mon premier Livre, huit preludes diversifiés, proportionnés au progrés que je Suppose qu'on doit faire; dont les doigts Sont chiffrés; Et que j'ai entremêlés d'obseruations pour execu= =ter auec goust, Sont les parties de cet ouvrage.

La modestie de quelques-uns des plus habi= =les Maitres de Clauecin qui Sans repugnance m'ont fait L'honneur a differentes fois de venir me consulter Sur la maniere, Et le goust de toucher mes pieces me fait esperer que paris, la province, et les ètrangers, qui tous les ont reçües favorablement, me Scauront gré de leur donner une méthode Sure, pour les bien exécuter; et même c'est ce qui ma déterminé a la donner auant mon Second Livre de pieces, quoy que jûsse promis ce Second liure immediatement après Le premier.

Pour la facilité de ceux qui joüent les pieces de mon premier liure, j'expliqueray, et je chifreray les endroits les plus équivoques; et l'on poura tirer de ces exemples, des conse=
=quences utiles pour d'autres occasions.

L'âge propre a commencer Les enfans, est de Six, a Sept ans: non pas que cela doive exclure Les personnes plus avancées: mais naturèlement, pour mouler; et former des mains a L'éxercice du claucein, le plutot, est le mieux; et comme la bonne=grace y est necessaire il faut commencer par la position du corps.

Pour être assis d'une bonne haulteur, il faut que le dessous des coudes, des poignets; et des doigts Soit de niueau: ainsy on doit prendre vne chaise qui S'accorde a cette regle.

On doit mettre quelque chose de plus, ou de moins hault Sous les pieds des jeunes personnes, a mesure qu'elles croissent: afin que leurs pieds n'etant point en l'air, puissent Soutenir le corps dans vn juste équilibre.

4

La Distance a la quelle une personne formée doit être du clavier est a peu prés de neuf pouces, a prendre de la ceinture; et moindre a proportion pour les jeunes personnes.

Le milieu du corps, et celui du clavier doivent se raporter.

On doit tourner, un tant soit peu le corps sur la droite étant au clauccin: ne point avoir Les genoux trop serrés; et tenir ses pieds vis-avis L'un de L'autre; mais surtout le pied droit bien en dehors.

A L'égard des grimaces du visage on peut s'en coriger soy-même en mettant un miroir sur le pupittre de L'épinette, ou du clauccin.

Sy une personne a un poignet trop hault
en joüant, le Seul remède que j'aye trouvé, est
de faire tenir une petitte baguëtte = pliante
par quelqu'un; la quëlle Sera passée par
dessus le poignet déffectueux; et en même =
tems par dessous L'autre poignet. Sy le
déffaut est opposé, on fera le Contraire. il
ne faut pas, avec cette baguëtte, contraindre
absolument celuy, ou celle qui joüe. petit a
petit ce déffaut Se corige; et cette invention
ma Servie tres vtilement.

Il est mieux, et plus Séant dene point
marquer la mesure dela Teste, du corps,
ny des pieds. il faut avoir vn air aisé a Son
clauecin: Sans fixer trop la Vüe Sur quel-

:que objet, ny L'avoir trop vague: enfin regar=:der La compagnie, S'il S'en trouve, comme Sy on n'etoit point occupé d'ailleurs. Cet avis n'est que pour ceux qui joüent Sans le Secours de Leurs Livres.

On ne doit Se Servir d'abord que d'vne épinette, ou d'vn Seul clavier de clavecin pour la premiere jeunesse; et que L'vne, ou L'autre Soient emplumés tres foiblement; cet article étant d'vne consequence infinie, La belle execution dépendant beaucoup plus de la Souplesse, et dela grande Liberté des doigts, que dela force; en Sorte que dés Les commencemens Sy on Laisse joüer vn en=:fant Sur deux claviers, jl faut de toutte nécessité qu'il outre ses petites=mains pour faire parler les touches et delà viennent les mains mal=placées, et la dureté du jeu.

La Douceur du Toucher dépend encore de tenir ses doigts le plus près des touches qu'il est possible. Il est sensé de croire, / L'experience apart / qu'une main qui tombe de hault donne un coup plus sec, que sy elle tou=choit de près; et que la plume tire un son plus dur de la corde.

Il est mieux, pendant les premieres Leçons qu'on donne aux enfans de ne leur point recommander d'étudier en L'absence de la personne qui leur enseigne: Les petites per=sonnes sont trop dissipées pour s'assujettir à tenir leurs mains dans la Scituation qu'on leur a prescrite: pour moy, dans les commencemens des enfans j'emporte par précaution la clef de L'instrument Sur lequel je leur montre, afin qu'en mon absence ils ne puissent pas déranger en vn instant ce que j'ay bien Soigneusement posé en trois quarts d'heures.

Séparement des agrémens vsités, comme les tremblemens, pincés, ports=de=voix &c j'ay toujours fait faire a mes élèves de petites évolutions des doigts, Soit de passages, ou de batteries diversifiées a commencer par les plus Simples, et Sur les tons les plus naturels; et insensiblement je les ay menés jusqu'aux plus Légers, et aux plus transposés; Ces petits Exercices qu'on ne Sçauroit trop multiplier, Sont autant de matéreaux tout prets à mettre en place; et qui peuvent Seruir dans beaucoup d'oc=casions. J'en donneray quelques modéles a= la Suite des agrémens cy=apres, Sur Les= =quels on en poura jmaginer d'autres.

Les personnes qui Commencent tard, ou qui ont eté mal=montrées feront attention que comme les nerfs peuvent être endurcis, ou peuvent avoir pris de mauvais plis, ils doiuent Se dénoüer, ou Se faire dénoüer Les doigts par quel= =qu'un, auant que de Se méttre au Cla= =uecin; C'est adire Se tirer, ou Se faire tirer Les doigts de tous les Sens; cela met d'ailleurs les Esprits en mouvement; et l'on Se trouve plus de liberté.

La façon de doigter Sert beaucoup pour bien joüer: mais, comme il faudroit un volume entier de remarques, et de passages variés pour démontrer ce que je pense; et ce que Je fais prati= =quer a mes élèves, je n'en donneray icy qu'une notion generale. Il est Sur qu'un Certain chant, qu'un certain passage étant fait d'une certaine fa= =çon, produit a L'oreille, dela person= =ne de goût, un effet different.

Reflection

Beaucoup de personnes ont moins de disposition a faire des tremblemens, et des ports=de=voix de certains doigts! dans ce cas je conseille de ne point né=gliger de les rendre meilleurs en les ex=ercant beaucoup. mais, comme en même =tems les meilleurs doigts se perfectionent aussy, jl faut s'en servir par préférence aux moindres, sans aucun égard a L'ancien usage de doigter, qu'il faut quiter, en faveur du bien=joüer d'au=jourd'huy.

Autre Réflection.

On devroit ne commencer a montrer la tablature aux enfans qu'apres qu'ils ont une certaine quantité de pieces dans les mains. Il est presqu'impossible, qu'en regardant leur Livre, les doigts ne se dérangent; et ne se contorsionnent: que Les agrémens même n'en soient altérés; d'ailleurs, La memoire se forme beau= =coup mieux en aprenant par=cœur.

Autre Réflection.

Les hommes qui veulent ariver a un certain degré de perfection ne devroient jamais faire aucun exercice pénible de leurs mains. celles des femmes, par La raison contraire, sont generalement meilleures. j'ai déja dit, que la souplesse des nerfs contribüe beaucoup plus, au bien=joüer, que la force; ma preüve est sensible dans la difference des mains des femmes, à celles des hommes; et de plus, La main gauche des hommes, dont ils se servent moins dans les exercices, est communément la plus souple au clavecin.

derniere Reflection

Je crois qu'on n'a pas douté en Lisant jusqu'ici, que je n'aye supposé, qu'on à du enseigner d'abord aux enfans, Le nom des notes du clavier.

*Petite dissertation, Sur la maniè=
=re de doigter, pour parvenir a
L'intelligence des agrèmens qu'on
i'à trouver.

J'établis par raport a cette méthode, /
Séparèment de mon usage / qu'on com=
=mencera par compter Le poulce, de
chaque main, pour Le premier-doigt,
en sorte que les chiffres jront ainsi.

main gauche 5. 4. 3. 2. 1.   main droite 1. 2. 3. 4. 5.

Cette jntelligence Seruira pour les
renuois de beaucoup d'endroits de mon
liure, / équiuoques pour les doigts / que
je tâche d'éclaircir. on connoitra par

La pratique, combien le changement d'un doigt, a un autre, sur la même note, Se=
=ra vtile; et qu'elle liaison cela donne au jeu.

Les sons du clauecin étant décidés, chacun en particulier; et par consequent ne pouvant être enflés, ny diminués: il à paru presqu'insoutenable, jusqu'a pre=
=sent, qu'on put donner de L'âme a cèt ins=
=trument. cependant, par les recherches dont j'ay appuyé le peu de naturel que le ciel ma donné; je uais tâcher de faire comprendre par qu'elles raisons j'ay sçu acquerir Le bonheur de toucher Les personnes de goût qui m'ont fait

L'honneur de m'entendre; et de former des élèves qui peut estre, me Surpassent.

L'impression=sensible que je propose, doit son èffet à La cessation; et à la suspention des sons, faites a propos; et selon les caractères qu'exigent les chants des preludes, et des pièces. Ces deux agrèmens par leur opposition, Laissent L'oreille indèterminée: en sorte que dans Les occasions ou les instrumens à archet enflent leurs sons, La Suspension de ceux du clavecin Semble,/par vn èffet contraire/retracer à L'oreille La chose Souhaitée.

J'ay déja expliqué, par des valeurs

de notes, et par des silences. L'aspiration, et la suspention, dans La table des agrèmens qui est a la fin de mon premier Livre! mais, j'espere que L'idée que j'en viens de donner / quoy que succinte / ne sera pas inutile aux personnes Susceptibles de sentiment.

Ces deux noms / d'aspiration, et de Suspention / auront, sans doute, paru nouveaux! mais, au moins si quelqu'un Se vante d'avoir pratiqué L'une, et L'autre, je ne crois pas qu'on me sçache mauvais gré, en general, d'avoir rompu La glace, en appropriant a ces deux sortes d'agrèmens, des noms qui convien=

=nent a Leurs effets; d'ailleurs j'ay jugé qu'il etoit mieux de s'entendre Les vns, et les autres dans vn art aussi estimé, et aussi pratiqué qu'est celuy de toucher le clauecin.

Quant a L'effet=sensible de L'aspira= =tion il faut détacher la note, sur la quelle elle est posée, moins viuement dans les choses tendres, et lentes, que dans celles qui sont legères, et rapides.

A L'egard de la suspention; elle n'est gueres vsitée que dans les morceaux ten= =dres, et lents. Le silence qui precède la note sur laquelle elle est marquée doit être re= =glé par le goût de la personne qui execute.

Agrémens qui servent au jeu.

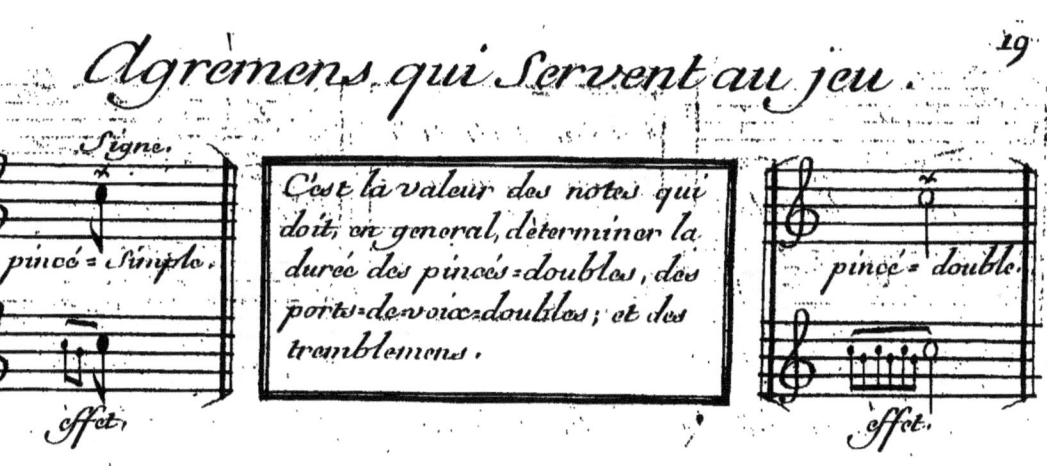

Tout pincé doit être fixé sur la note ou il est posé: et pour me faire entendre, je me sers du terme de, Point=d'arêt, qui est marqué cy=dessous par une petite étoile; ainsi les batemens; et la note ou l'on s'arête, doivent tous être compris dans la valeur de la note essentièle.

Le pincé=double, dans le Toucher de l'orgue, et du clavecin, tient lieu du martèlement dans les instrumens à Archet.

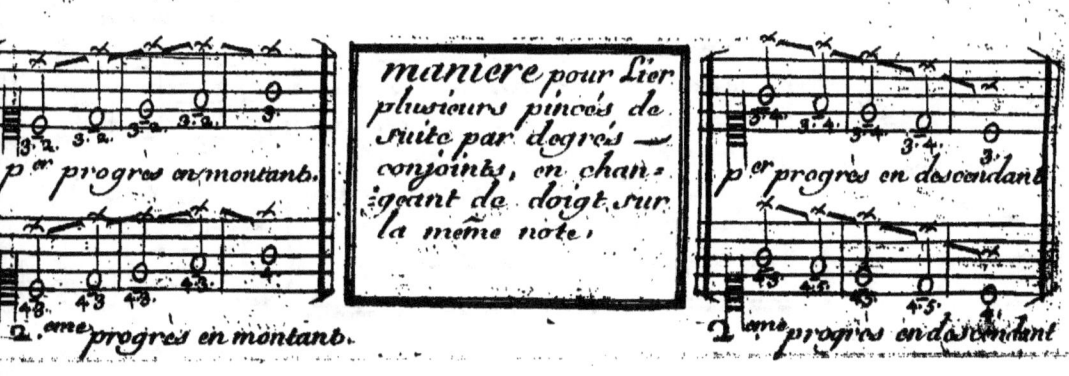

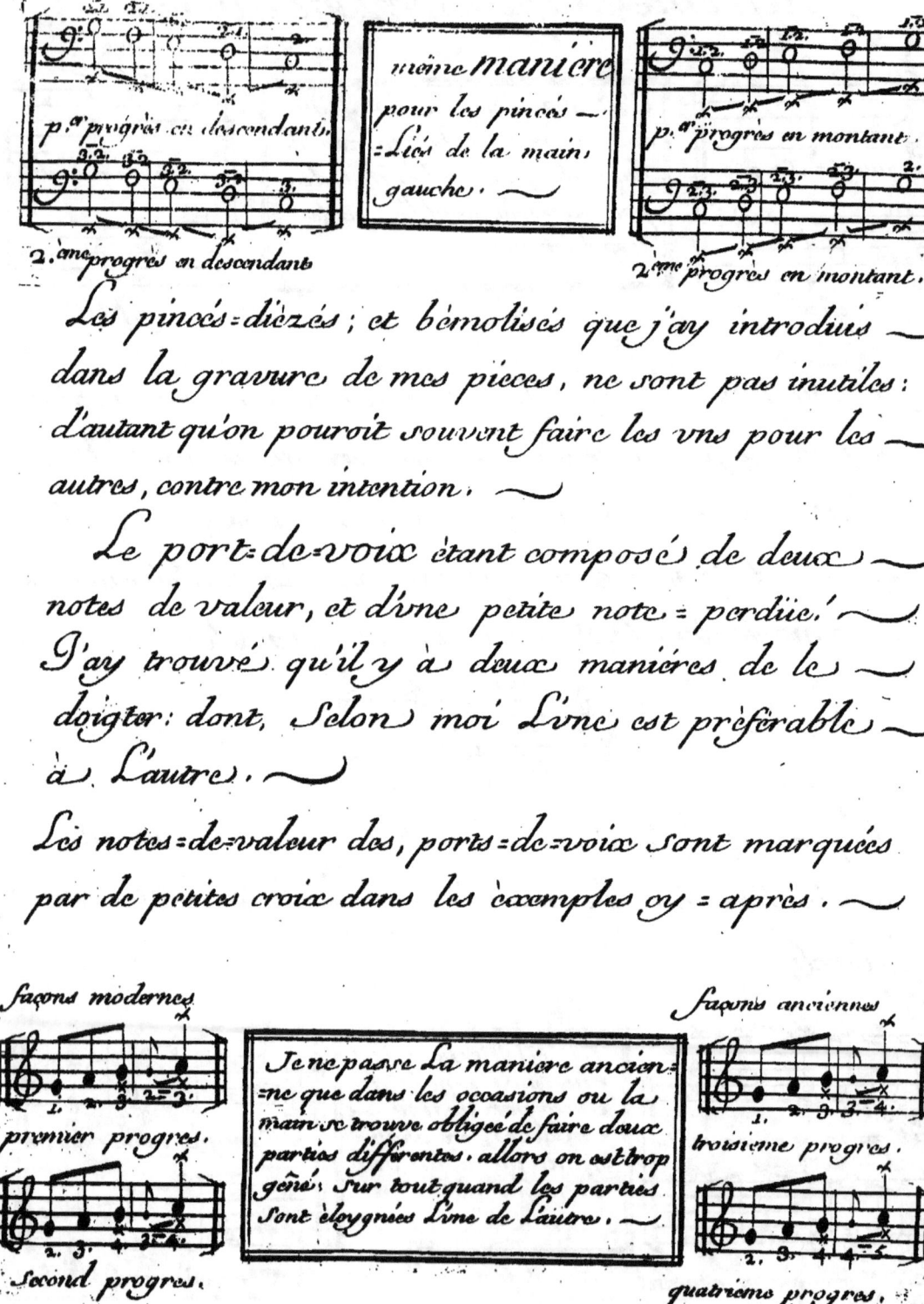

Les pincés=diézés; et bémolisés que j'ay introduis dans la gravure de mes pieces, ne sont pas inutiles: d'autant qu'on pouroit souvent faire les vns pour les autres, contre mon intention.

Le port=de=voix étant composé de deux notes de valeur, et d'vne petite note=perdüe, J'ay trouvé qu'il y à deux manières de le doigter: dont, Selon moi L'vne est préférable à L'autre.

Les notes=de=valeur des, ports=de=voix sont marquées par de petites croix dans les exemples cy=après.

Raisons de Preference
pour la façon nouvelle
des port=de=voix

Le doigt marqué 3. dans le troisieme progres; et le doigt marqué 4. dans le qua=
=trieme, étant obligés de quiter la derniere croche de valeur où il y a une petite croix, pour rebatre la petite note perduë, laissent moins de liaison qu'au premier progres, ou le doigt marqué 3. est plutot remplacé par le doigt 2; et au second progres ou le doigt 4. L'est aussi plutot par le doigt marqué 3.

J'ai eprouvé que sans voir les mains de la personne qui jouë, je distingue si les deux batemens en question ont été faits

d'vn même doigt: ou de deux doigts diffé=
=rens. Mes élèves le sentent comme moi: de
là je conclus qu'il y à vn vray, dont je
me raporte à la pluralité de sentimens.

Il faut que la petite note perduë d'vn
port=de=voix, ou d'vn coulé, frape avec
L'harmonie; c'est a dire dans le tems qu'on
devroit toucher la note de valeur qui la suit

Il seroit tres vtile de pouvoir exercer les
jeunes personnes a faire des tremblemens de
tous les doigts: mais comme cela dépend en
partie de la disposition naturéle, et que quel=
=quesune ont plus ou moins de liberté, et de
force, de certains doigts; Il faut laisser ce
choix aux personnes qui les instruisent.

Les tremblemens les plus usités de la main droite se font du troisieme doigt avec le second; et du 4.ème avec le 3.ème Ceux de la main gauche se font du premier doigt avec le second; et du 2. avec le 3.

Quoi que les tremblemens soient mar==qués égaux, dans la table des agrémens de mon livre de pieces, ils doivent cependant commencer plus lentement qu'ils ne finissent: mais, cette gradation doit être imperceptible.

Sur quelque note qu'un tremblement soit marqué, il faut toujours le commen==cer sur le ton, ou sur le demi=ton au dessus.

24

Les tremblemens d'une Valeur un peu considerable renferment trois objets: qui dans L'execution ne paroissent qu'une même chose. 1.° L'appuy qui se doit for=
=mer sur la note au dessus de L'essen=
=tielle. 2.° Les batemens. 3.° Le point=d'arrest.

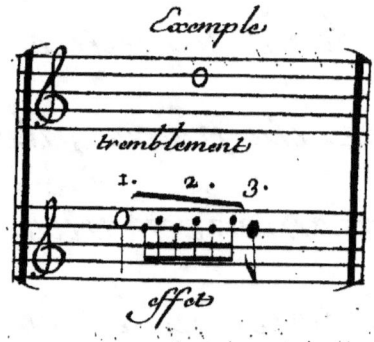

A L'égard des autres tremblemens ils sont arbitraires. Il y en à d'ap=
=puyés. d'autres si courts qu'ils n'ont ny appuy, ny point d'arrest. on en peut faire même d'aspirés.

Je renvoye le lecteur aux pages 74
et 75 de mon livre de pièces pour le
reste des agrèmens qui servent au jeu;
ils y sont suffisamment détaillés; et
expliqués.

Il m'arivera peutêtre dans les re=
=marques que je ferai dans la suite, sur
les endroits de mon livre / difficiles a
doigter / de reparler des agrèmens,
de redire Les mêmes choses; et de répeter
les mêmes termes: mais, comme ce sera
toujours a L'occasion de quelque
progrès different, je prefererai L'uti=
=lité qui en resultera a la grande pré=
=cision du discours.

26. Avant que de passer aux petits exer=
=cices qu'il faut pratiquer pour parvenir
aux pièces, on fera attention, que les
tremblemens, pincés, ports=de=voix, bate
=ries, et passages, doivent d'abord être
pratiqués tres lentement; que les
pièces même ne scauroient être aprises
avec trop de soin. En joüant six pièces /
de differents caractères. / avec régu=
=larité, on se met en état d'en joüer
beaucoup d'autres; et au contraire,
La quantité / aux jeunes personnes,
sur tout / entraine apres soi un désor=
=dre dont on a beaucoup de peine
à les faire revenir.

Il seroit bon que les parens ou ceux qui ont l'inspection generale sur les enfans eussent moins d'impatience, et plus de confiance en celui qui enseigne, surs d'avoir fait un bon choix en sa personne, et que l'habile Maitre de son côté, ut moins de condes=cendance.

30

Autre progrès de tierces coulées.

A propos de ces tierces coulées a la mo=
derne; Je dirai en deux mots, qu'un jour en les
fesant exercer a une jeune personne, j'essayai de lui
faire batre deux tremblemens a la fois, de la même main
L'heureux naturel, les excèlentes mains; et la grande habi=
tude qu'elle en avoit aquise, L'avoient fait ariuer au point
de les batre tres également. J'ai perdu cette jeune per
=sonne de vüe. En verité, sy l'on pouvoit gagner cette
pratique, cela donneroit un grand ornement au jeu. J'en
ay entendu faire, cependant, depuis, a un homme / d'ail=
=leurs fort habile / mais, soit qu'il sy fut pris trop tard,
son exemple ne m'a point encouragé a me donner la torture
pour ariuer a les faire, comme je souhaiterois qu'ils

fussent faits. Je m'en tiens, simplement, a exorter les jeu=
=nes gens a s'y prendre de bonne heure. Sy cet usage
s'introduisoit, cela ne causeroit nul inconuenient pour la
plupart des pieces qui sont déja composées, puisqu'il ne
seroit question / dans de certains endroits / que d'augmenter
vn tremblement a la tierce de celui qui seroit marqué
naturelement.

Progrès de tremblemens enchainés, par
la manière de changer de doigt sur vne même note.

Ces deux chifres, sur vne même note, marquent le changement d'vn
doigt a vn autre: auec la difference, que, le chifre le plus considerable
étant posé le premier, indique qu'il faut monter en suitte; et que
le moindre, au contraire, sert a descendre.

Il est bon que ceux qui instruisent les jeunes gens leurs insinuent insensiblement la connoissance des intervales, des modes; de leurs cadences, tant parfaites, qu'imparfaites; des accords, des suppositions. cela leur forme vne espece de memoire locale qui les rend plus sures; et qui sert a les remettre avec connoissance, Lors qu'ils ont manqué.

A propos des bateries, ou arpégemens
dont j'ay promis de parler cy devant; Et
dont L'origine vient des Sonades. Mon
avis seroit qu'on se bornat un peu sur
la quantité qu'on en jouë sur le Clavecin
Cet instrument à ses propriétés, comme le
Violon à les siennes. Si le clavecin n'enfle
point ses sons; Si les batemens redoublés
sur une même note ne lui conviennent
pas extrêmement; Il a d'autres avantages,
qui sont, La precision, La nèteté, Le bril=
=lant; Et L'etenduë. On devroit donc pren=
=dre un milieu, qui seroit, de pratiquer
quelquesfois les légéretés des Sonades,
et d'éviter les morceaux lents qui si —

rencontrent dont les basses ne sont point faites pour y joindre les parties lutées, et sincopées qui conviennent au clavecin. Mais, les françois dévorent volontiers Les nouveautés, aux dépens du vrai qu'ils croyent saisir mieux que les autres na=
=tions. Après tout, il faut demeurer d'ac=
=cord que les pieces faites exprès pour le clavecin y conviendront toujours mieux que les autres. Cependant dans les légé=
=retés des Sonades, il y à des morceaux qui réussissent assés bien sur cet instru=
=ment? Ce sont ceux ou le dessus, et la basse travaillent toujours. Comme, par exemple? L'allemande cy=après.

Ce qui détermine les personnes medio= =crement habiles à s'attacher aux Son= =nades, c'est qu'il y entre peu d'agrèmens: surtout, dans les bateries. Mais qu'en arive t'il. Ces mêmes personnes se ren= =dent incapables pour toujours de pou= =voir joüer les vrayes pieces de clauecin. Au contraire celles qui ont bien joüé des pieces d'abord; exécutent les Sonnades parfaitement.

Avant que de passer aux remarques sur la manière de bien doigter, relatiues aux endroits équivoques de mon premier Livre de clauecin; J'ai cru qu'il ne se= =roit pas inutile de dire vn mot sur les mouvemens françois, et la différence qu'ils ont avec ceux des Italiens.

Il y à selon moy dans notre fa= =con d'écrire la musique, des déffauts qui se raportent a la manière d'écrire notre langue! C'est que nous écrivons différemment de ce que nous excécutons: ce qui fait que les étrangers jouent notre musique moins bien que nous ne fesons la leur. au contraire les Italiens écrivent leur musique dans les vrayes valeurs qu'ils l'ont pensée. par exemple. nous pointons plusieurs croches de suites par degrés=conjoints; Et cependant nous les marquons égales!

notre usage nous à asservis ; Et nous continüons.

Examinons donc d'ou vient cette contrarieté !

Je trouve que nous confondons la mesure avec ce qu'on nomme ca=dence, ou mouvement. Mesure, définit La quantité, et L'égalité des tems : et Cadence, est proprement L'esprit, et L'ame qu'il y faut joindre Les Sonades des Italiens ne sont point susceptibles de cette cadence. Mais, tous nos airs de violons, nos pieces de clavecin, de violes &c.

désignent; Et semblent vouloir exprimer quelque sentiment. Ainsi, n'ayant point imaginés de signes, ou caractères pour communiquer nos idées particu=
=lières, nous tâchons d'y remédier en marquant au commencement de nos pièces par quelques mots, comme, Tendrement, Vivement &c, a=
=peu=près ce que nous voudrions faire entendre. Je souhaite que quelqu'un se donne la peine de nous traduire, pour l'utilité des étrangers; Et puisse leur procurer les moyens de juger de L'excélence de notre musique, jnstru=
=mentale.

A L'egard des pièces tendres qui se joüent sur le clavecin: Il est bon de ne les pas joüer tout a fait aussi lente= =ment qu'on le feroit sur d'autres instru= =mens; a cause du peu de durée de ses sons. La cadence, et le goût pouvant s'y conserver indépendamment du plus, ou du moins de lenteur.

Je finis ce discours par donner un con= =seil à ceux qui veulent réussir parfaite= =ment dans les pièces: C'est d'estre deux ou trois ans avant que d'aprendre L'accompagnement. Les raisons que j'en donne sont fondées. 1.° Les basses= =continuës qui ont un progrès chantant,

devant être exccecutées de la main gau=
=che avec autant de propreté que les
pièces, jl est nécessaire d'en scavoir fort
bien joüer. 2.° La main droite dans L'ac=
=compagnement n'étant occupée qu'à
faire des accords, est toujours dans vne
extension capable de la rendre tres
roide; Ainsi les pièces qu'on aura apri=
=ses d'abord serviront à prévenir cèt in=
=convénient. Enfin la viuacité avec
laquelle on se porte à executer la mu=
=sique a L'ouverture du Livre entrai=
=nant avec soi vne façon de toucher
ferme, et souvent pesante, le jeu coure=
=risque de s'en ressentir, a moins qu'on

n'exerce les pièces alternativement avec L'accompagnement.

S'il étoit question d'opter entre L'accompagnement, et les pièces pour porter l'un ou l'autre à la perfection, je sens que l'amour=propre, me feroit préférer les pièces à L'accompagnement. Je conviens que rien n'est plus amusant pour soi=même; Et ne nous lie plus avec les autres que d'estre bon=accompagnateur: Mais, quelle injustice! C'est le dernier qu'on loüe dans les concerts. L'accompagnement du clauecin dans ces occasions, n'est considéré que comme les fondemens d'un édifice qui cependant soutiènent tout; Et dont on ne parle presque jamais: au lieu que quelqu'un qui excèle dans les pièces joüit seul de l'attention, et des applaudissemens de ses auditeurs.

Il faut surtout se rendre tres délicat en claviers; et avoir toujours un instru= =ment bien emplumé. Je comprens ce= =pendant qu'il y à des gens a qui cela peut estre indifférent; parcequ'ils joüent également mal sur quelqu'instrument que ce soit.

46 Endroits de mon premier Livre de pièces de Clavecin, difficiles à doigter.

à La milordine
page 6. dans les 2.eme
et 3.eme mesures de la
troisième portée.

à la même pièce,
dans les p.ere 2.eme et
3.eme mesures, des 9.eme
et x.eme portées.

Remarqués quelle liaison Les changemens de
doigts donnent au jeu! Mais, on me dira
qu'il faut plus d'adresse que dans L'ancienne
Manière. J'en conviens.

Dans la seconde partie des *Siluains* page 9. à la 4.ᵐᵉ mesure de la premiere portée.

Comme la 2.ᵐᵉ et la 4.ᵉ de ces quatre notes =coulées, Sont celles qui supposent la vraije =harmonie contre la basse, il est necessaire qu'elles soient Touchées des mêmes doigts que si le chant étoit simple, et sans notes d'interuales.

Exemple. cy après

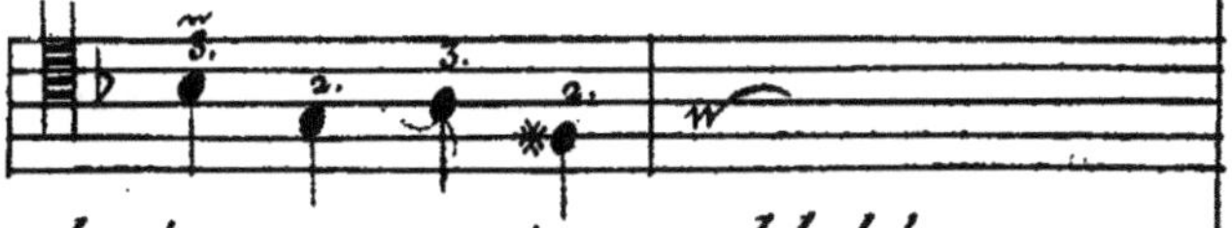

Ainsi, des endroits a peu près semblables.

Arpégemens dans la même page 9. aux 9.ᵐᵉ, et X.ᵐᵉ portées.

Aux idées heureuses,

page 32. dans les 3.eme et 4.eme portées.

A La grande reprise de cette même pièce, dans les deux dernières mesures des portées 5. et 6. et dans les première, et Seconde mesures des portées, 7. et 8, qui suivent.

Il y à encore quelques endroits assés épineux dans cette pièce: Mais ceux qui sont chifrés, précedamment, faciliteront pour les autres.

J'ai composé les huit preludes suivans sur les tons de mes pièces, tant celles qui sont déja gravées, que celles qu'on grave actuel= =lement, ayant remarqué que presque toutes les écolières de clavecin ne scavent que le petit prelu= =de par ou elles ont été commencées. Non seule= =ment les preludes annoncent agréablement le ton des pièces qu'on va joüer: mais, ils ser= =vent à dénoüer les doigts; et souvent à éprou= =ver des claviers sur lesquels on ne s'est point encor exercé.

Les quatre premiers de ces preludes peuvent ser= =vir à tous les âges, excepté, que pour les tres= =jeunes personnes, on doit les dispenser de tenir trop=precisément toutes les notes des accords un peu étendus. Mais, j'en remets le choix à ceux qui leurs enseigneront.

Premier Prelude

Second Prélude

Troisième Prélude

Quatrième Prélude.

Fin.

Cinquième Prélude

Sixième Prélude

Ceux qui n'auront point de clauecin au raualement par en hault joüeront vne Octaue plus bas ce qui est noté d'vne Croix, a l'autre.

Observations

Quoy que ces Preludes soient écrits mesurés, il y a cependant un goût d'usage qu'il faut suivre. Je m'explique. Prelude, est une composition libre, ou l'imagination se livre à tout ce qui se présente à elle. Mais, comme il est assés rare de trouver des genies capables de produire dans l'instant; Il faut que ceux qui auront recours à ces Preludes=réglés, les joüent d'une maniere aisée sans trop s'attacher à la précision des mouvemens; a moins que je ne l'aije marqué exprés par le mot de, Mesuré: ainsi, on peut hazarder de dire, que dans beaucoup de choses, la Musique (par comparaison à la Poésie) à sa prose, et ses Vers.

Une des raisons pour laquelle j'ai mesuré ces Preludes, ça été la facilité qu'on trouvera, soit à les enseigner; ou à les apprendre.

Pour conclure sur le toucher du clavecin, en général; mon sentiment est, de ne point s'éloigner du caractere qui y convient. Les passages, les bate‑ ries, a portée de la main; les choses lutées, et sincopées, doivent être préférées à celles qui sont pleines de tenües; ou de notes trop graves. Il faut conserver une liaison parfaite dans ce qu'on y excècute; que tous les agrèmens soient bien précis; que ceux qui sont composés de bate‑ mens soient faits bien également; et par une gradation imperceptible. Prendre bien garde à ne point altérer le mouvement dans les pieces‑ réglés; et a ne point rester sur des notes dont la valeur soit finie. Enfin, former son jeu sur le bon‑goût d'aujourd'huy, qui est sans comparaison plus pur que l'ancien.

Tournés pour les autres Preludes.

Septième Prelude

64
Huitième Prelude

Privilege General.

Louis Par la Grace de Dieu, Roy de France et de Navarre: a nos amez et feaux Conseillers les Gens tenant nos Cours de Parlement, Maîtres des Requestes ordinaires de nôtre Hôtel, Grand Conseil, Prévôt de Paris, Baillifs, Senéchaux, leurs Lieutenans Civils, et autres nos justiciers qu'il appartiendra, Salut. François Couperin Compositeur Organiste de nôtre Chapelle et cy-devant Maistre de Clavecin de nôtre très Cher et bien amé petit fils le d'Auphin Duc de Bourgogne nous a fait très humblement representer qu'il desireroit donner au Public plusieurs pieces de Musique de sa Composition S'il nous plaisoit de luy accorder nos lettres de Privileges sur ce necessaires. A Ces Causes, nous luy avons permis, et permettons par ces presentes de faire graver et imprimer par tels graveurs et imprimeurs que bon luy semblera toutes les pieces de Musique de sa composition tant pour la Vocale que pour l'Instrumentalle Conjointement ou Separement en telle forme, et marge, Caractere, et partition, qu'il jugera a propos, et les vendre par luy, ou par autre dans toute l'etendue de nôtre Royaume, pays, terres ou Seigneuries de nôtre Obeisance, pendant le tems et espace de Vingt Années Consecutives à compter du jour de la datte des presentes. Faisons deffense à tous Libraires, Imprimeurs, Graveurs, et autres personnes, de quelque qualité, et condition qu'elles soient, en quelque lieu de nôtre Royaume que ce soit de graver, imprimer, faire graver, ou faire imprimer, Vendre, ny debiter, ny contrefaire les dites Pieces de Musique, en tout ny en partie, Sous quelque pretexte que ce Soit, mesme d'impression étrangere, et autrement, Sans le Consentement par ecrit de l'Exposant ou de Ses ayans cause, Sous peine de Confiscation des planches et des Exemplaires contrefaits, et trois mille Livres d'amende contre chacun des contrevenans, aplicable un tiers à l'Hospital general de nôtre bonne Ville de Paris, un tiers à l'Exposant et l'autre tiers au Denonciateur, et de tous depens, dommages, et interests. à la Charge que ces presentes Seront enregistrées es Registres de la Communauté des Imprimeurs et Libraires de Paris dans trois mois de ce jour, que la gravure, et impression des dites pieces de Musique Sera faite dans nôtre Royaume, et non ailleurs, et ce en bon papier et beaux Caracteres conformement aux reglemens de la Librairie, et qu'avant de les exposer en Vente, il en Sera mis deux Exemplaires en nôtre Bibliotheque publique, un autre dans le Cabinet des Livres de nôtre Château du Louvre, et un en celle de nôtre cher et feal Chevalier Chancelier de France le sieur Phelipeaux Comte de Pontchartrain Commandeur de nos Ordres, le tout a peine de nullité des presentes, du contenu des quelles, Vous Mandons et enjoignons de faire jouir l'Exposant plainement et paisiblement sans souffrir qu'il luy soit fait aucun trouble ou empechement, Voulons que la Copie des presentes qui Sera imprimée au commencement ou à la fin de chascun des dits Ouvrages, Soit tenue pour deument Signifiée, et quaux coppies collationnées par l'un de nos amez et feaux Conseillers Secretaires, foy Soit adjouté comme a l'original. **Commandons** au premier nôtre Huissier ou Sergent de faire pour l'execution des presentes, tous Actes requis et necessaires Sans autre permission et nonobstant clameur de Haro, Charte Normande, et lettres, a ce contraires: Car Tel est nôtre plaisir. Donné a Versailles ce quatorzième jour de May l'an de grace mil sept cent treize Et de nôtre regne le Soixante onze.

Par le Roy en Son Conseil
Signé Lauthier avec Paraphe et Scellé

Registré sur le Registre N°3. de la Communauté des Libraires et Imprimeurs de Paris, Page 616. N° 692. Conformement aux Reglements, et nottament a l'Arrest du 15 Aoust 1705. fait à Paris ce 7 Juin 1713. Signé L. Josse, Syndic.

Les Exemplaires ont été fournis.

Gravé par L. Hüe

www.ingramcontent.com/pod-product-compliance
Lightning Source LLC
LaVergne TN
LVHW022115080426
835511LV00007B/824